글 리베카 후이

예술가이자 사회적 기업가다. 미국 캘리포니아대학교 버클리에서 경영학을, 매사추세츠공과대학교(MIT)에서 도시계획·도시설계 및 개발을 공부한 뒤 '루츠 스튜디오'를 운영했다. '루츠 스튜디오'는 지방 공동체와 세계 패션 시장 사이에 다리를 놓는 방식으로 문화 보존을 재해석하는 회사다. 미국 경제 잡지 <포브스>에서 선정한 '30세 이하 리더 30인'에 뽑혔고, 세계 여성 기업가 지원 프로그램 '까르띠에 여성 창업 이니셔티브' 수상자이자, 청년 사회적 기업가를 지원하는 '에코잉 그린 펠로우'이기도 하다.

그림 안넬리 브레이

영국 노스웨스트잉글랜드에 사는 어린이책 삽화가다. 어릴 때부터 동물이나 신비한 존재 들이 나오는 이야기를 그림으로 그리거나, 조랑말이 등장하는 글을 짓고, 닥치는 대로 책을 읽었다. 영국 노리치예술대학교에서 일러스트레이션을 전공하고 수석으로 졸업한 뒤 (쉬는 시간에 짬짬이 그림을 그리는) 책방지기가 되었다. 밤이면 자신이 그린 삽화가 언젠가 책에 실리는 날이 오기를 꿈꾸었다. 이제는 여행과 자연, 모험을 사랑하는 마음에서 비롯한 따스하고 다채로운 그림으로 인정받는 삽화가로 활동 중이다.

옮김 손성화

대학교에서 역사와 정치, 국제 관계를 공부했다. 신문 기자 생활을 잠시 했고, 지금은 영어로 쓰인 좋은 책들을 우리말로 옮기는 일을 하고 있다. 옮긴 책으로 〈하이에나 패밀리〉 시리즈, 《지구의 마지막 소녀》, 《세상에 도전한 위대한 여성들》 등이 있다.

추천 조나 라슨

미국 위스콘신주에 사는 코바늘 뜨개 신동이다. 5살 때 코바늘 뜨개를 시작한 뒤로 사회적 활동을 이어 오고 있다. 코바늘 뜨개 작품으로 번 돈을 기부하는 한편, 입양되기 전까지 나고 자란 에티오피아의 고향 마을에 도서관과 과학관을 지었다. '조나스 핸즈'라는 회사를 운영하면서 코바늘 뜨개법을 전수하고 있다. 2021년 위스콘신주 '올해의 젊은 사업가'로 선정되었다.

멋진 미래를 위해 오늘의 지구를 살리는
어린이 기업가 12명의 실제 이야기

오늘보다 더 멋진 내일을 만들어요

리베카 후이 글 | 안넬리 브레이 그림 | 손성화 옮김

세상의 모든 사회적 기업가들 모여라!

안녕, 나는 조나라고 해.

**나는 5살 때 코바늘 뜨개를 스스로 깨친 뒤
'조나스 핸즈'라는 회사를 운영하기 시작했어.
한 번에 한 땀씩 세계를 하나로 엮어 나가는 게 목표지.**

우리 부모님은 에티오피아에서 태어난 지 6개월밖에 안 된 나를 입양하셨어.
덕분에 나는 에티오피아에 있는 형과 누나 들은 누리지 못한 기회를 얻었지.
그 행운에 보답하기 위해 더 나은 세상을 만들기로 결심했어.
'루츠 에티오피아'라는 단체와 힘을 합쳐 고향에 도서관과 과학관을 지었지.
내가 뜬 코바늘 작품을 팔아 얻은 수익금으로 말이야.

이 책에 등장하는 어린이들은 우리 한 사람 한 사람이 행동한다면
다양한 사회 문제를 해결하고, 지구를 구하려는 노력에 도움이 될 수 있다는 사실을 가르쳐 줘.

사회에 보탬이 되는 일을 시작하려고 어른이 될 때까지 기다릴 필요는 없어.
가까운 주변에서 또는 나처럼 지구 절반 가까이나 되는 넓은 지역에서도 뭐든 할 수 있을 테니까.
우리가 사는 세상의 미래는 너희의 손에서 시작돼,
바로 오늘부터!

조나 라슨
사회적 기업가, '조나스 핸즈' 창업자

세계 곳곳에서 더 멋진 미래를 위해
활동하는 12명의 어린이를 소개합니다.
12가지의 이야기는 모두 실화예요!

미국에 사는 마야

나는 지구 환경을 파괴하는
패스트 패션의 유행을 막아요.

독일에 사는 레나

나는 '생리 빈곤' 문제를
해결하는 데 힘써요.

아제르바이잔에 사는 레이한

나는 녹색 에너지를 권하고 알려요.

네덜란드에 사는 파비너
나는 종이를 아껴 쓰는 데 힘써요.

영국에 사는 아한과 아말
우리는 불필요한 플라스틱 사용을 줄여요.

오스트레일리아에 사는 아치
나는 바다를 깨끗하게 만드는 데 힘써요.

말라위에 사는 츔바
나는 모든 여성이 예술 활동을 하고 교육받을 수 있게 도와줘요.

중국에 사는 지아화
나는 쓰레기장으로 가게 될 음식을 살려 어려운 사람들에게 나눠 줘요.

케냐에 사는 제퍼슨
나는 수경 재배로 먹을거리를 키워요.

프랑스에 사는 토마
나는 우리의 바다를 보호해요.

남아프리카 공화국에 사는 차엘리
나는 장애 어린이의 이동권 등 권리를 보호하는 캠페인을 벌여요.

이탈리아에 사는 오미드
나는 의료 서비스를 손쉽게 이용할 수 있게 해요.

나는 지구 환경을 파괴하는 패스트 패션의 유행을 막아요.

미국에 사는 마야는 '패스트 패션'이 지구 환경을 오염시키는 걸 알고 걱정했어요. 저렴한 옷들이 후딱 만들어져서는 금세 입고 버려졌으니까요. 그래서 8살 때 에코 패션 브랜드 '마야의 아이디어'를 시작했죠. 유기농 소재, 재활용 또는 낡고 오래된 의류로 옷을 짓고 판매하는 패션 회사랍니다. 시간을 내어 사람들에게 패션 산업이 지구에 미치는 영향을 알리는 일도 하고요.

옷이 저렴하다는 건 자연적으로 썩어 없어지지 않고, 분해되는 데 시간이 오래 걸리는 소재로 만들어졌다는 뜻이기도 해요. 폴리에스테르나 아크릴 원단 같은 합성 소재 말이에요.

전 세계적으로 옷 5점 중 3점은 구입한 지 1년이 안 되어 쓰레기장으로 가게 돼요.

나는 종이를 아껴 쓰는 데 힘써요.

네덜란드에 사는 파비너는 세계 곳곳에서 숲이 잘려 나가는 영상을 보고 행동에 나섰어요. 그리고 17살 때 '그로우 어 위시'라는 회사를 세워 재활용 종이로 만든 축하 카드를 판매하기 시작했죠. 카드 안에는 놀라운 것이 들어 있으니, 바로바로 씨앗이랍니다! 파비너의 카드는 버려지는 대신 땅에 되심겨 환경에 이로운 바질, 토마토, 여름 꽃으로 자라난답니다.

파비너가 장차 아름다운 식물로 자라날 축하 카드를 판매하고 있어요.

전 세계적으로 해마다 약 40억 그루의 나무가 베어져 나가고 있어요. 종이 제품을 만들기 위해서 말이죠.

우리는 불필요한 플라스틱 사용을 줄여요.

영국에 사는 형제인 13살 아한과 17살 아말은 방학 때 바다에 버려진 플라스틱 빨대를 보고 나서 직접 빨대 회사를 차리기로 마음먹었어요. 그리고 '더 라스트 스트로 첼트넘'이라는 회사를 세웠죠. 형제는 일회용 플라스틱 빨대 대신 쓸 수 있는 지속 가능한 대나무 빨대와 밀 대롱 빨대를 가게, 식당, 카페에 판매하고 있답니다. 플라스틱이 바다를 얼마나 심각하게 파괴하는지 사람들에게 알리는 캠페인도 벌이고요.

대나무는 세상에서 가장 빨리 자라는 식물이에요. 오래 가는 데다 퇴비로도 쓸 수 있어서 플라스틱 대신 사용할 수 있는 친환경 소재랍니다.

플라스틱 빨대를 재활용하는 곳은 거의 없어요. 그러다 보니 대부분 바다로 흘러 들어가죠.

플라스틱과 싸우는 가장 좋은 방법은 애초에 사지 않는 거예요.

나는 '생리 빈곤' 문제를 해결하는 데 힘써요.

독일에 사는 레나는 3살 때 처음 나미비아에 가게 되었어요. 그리고 10년 남짓한 시간이 흐른 뒤 되돌아간 나미비아에서 교육의 기회가 어린이에게 얼마나 중요한지 알게 되었어요. 그런데 여자 어린이들은 생리용품을 구할 수 없으면 집 밖으로 나갈 수가 없었죠. 레나는 '와다디 케어즈'를 세우고 어린이들이 계속 학교에 다닐 수 있도록 힘쓰면서, 나미비아의 재봉사들이 만든 재사용 위생 수건을 지급하는 '남패즈' 프로젝트를 시행하고 있답니다.

교육은 모든 인간의 기본권이에요.

생리는 여자 어린이들이 살면서 겪게 되는 자연스러운 과정이에요.

'생리 빈곤'이란 위생용품을 사기가 힘들어 곤란을 겪는 상태를 말해요.

이름: 레나 팔름
나라: 독일
주요 활동: 결석하는 여학생들이 없도록 위생용품 나눠 주기

생리를 둘러싼 오해가 지금껏 여자 어린이들이 안전하고 건강하게 성장할 수 없도록 만들었어요.

레나가 나미비아의 재봉사에게 천을 건네주고 있어요.

영국에서도 약 49퍼센트의 여학생들이 생리 때문에 결석한답니다.

나는 모든 여성이 예술 활동을 하고
교육을 받을 수 있게 도와줘요.

예술가인 츰바는 가정 형편이 어려운 여자 어린이들이 어쩔 수 없이 학교를 일찍 관둬야 한다는 사실을 알고서 지속 가능한 해결책을 떠올렸어요. 그때 나이가 불과 16살이었죠.
츰바는 태어나고 자란 말라위에서 '티왈레'를 세워 어른 아이 상관없이 모든 여성에게 천에 문양을 염색하는 법을 가르친 뒤 그 천을 판매하게 했어요. 이렇게 번 돈은 학교로 돌아갈 뜻이 있는 여자 어린이들의 보조금으로 쓰였고요. 지금까지 츰바는 3백 명이 넘는 여자 어른과 여자 어린이 들을 도왔어요. 이들은 각자 수익의 60퍼센트를 자기 몫으로 가져가고, 나머지 40퍼센트는 다른 사람들의 교육에 쓰이게끔 '티왈레'에 돌려주고 있답니다.

여자 어린이들이 어릴 때 교육의 벽에 가로막히면 커서 일자리를 구하기가 더 힘들어져요.

전 세계적으로 15~19세 여자 어린이 4명 중 1명은 일을 하지도 않고, 학교에 다니거나 직업 훈련을 받지도 않는 상태예요.

세계 어느 곳에서든 한 학년씩 교육 수준이 올라갈 때마다 소득이 10퍼센트까지 올라간답니다.

츰바가 사람들에게 천을 물들이는 법을 가르쳐 주고 있어요.

티왈레

나는 어려운 사람들에게 음식을 나눠 줘요.

지아화는 태어나고 자란 중국에서 너무나 많은 음식물이 버려진다는 사실을 알고 폐기 음식을 활용하기로 결심했어요. 그리고 17살이 되던 해에 'PDT 푸드 디포트'를 설립했죠. 쓰레기장으로 가게 될 음식을 살려 내 형편이 어려운 사람들에게 주려고요. 현재까지 슈퍼마켓, 농장, 공장에서 30톤이 넘는 음식을 모아 지역 사회 48곳에 다시 나눠 주었답니다.

사람이 먹어도 되지만 아무도 입에 댄 적은 없는 상태의 음식을 '폐기 식품'이라고 해요. 유효 기간이 지나거나 더 이상 찾는 사람이 없으니 그대로 상하거나 버려지죠.

해마다 전 세계적으로 생산된 식품의 3분의 1 이상이 버려져요.

지아화가 주민을 도와 일주일 치 먹을거리를 골라 주고 있어요.

나는 수경 재배로 먹을거리를 키워요.

제퍼슨은 6살 때 고향 케냐의 지역 사회에서 식량을 보전하는 일이 **중요하다는 사실을 깨달았어요.** 마을의 여러 농장이 가뭄으로 타격을 입는 바람에 주민들이 굶주림에 시달렸거든요. 10년 뒤, 제퍼슨은 지속 가능한 식량 체계를 만들어 실내에서 토마토를 수경 재배하기 시작했어요. 제퍼슨이 세운 친환경 회사 '에덴 원예 허브'는 4개의 수경 재배 시스템을 운영하면서 1백 가구가 넘는 가정, 1천 5백 명분의 학교 급식에 토마토를 공급하고 있답니다.

지속 가능한 식량 체계가 마련돼야 모든 사람이 안정적으로 식량과 영양분을 공급받을 수 있어요.

식량 재배는 기후 변화를 일으키는 큰 원인이자 지구의 생물 다양성 손실의 60퍼센트에 달하는 책임이 있어요.

가뭄 등 심각한 기상 변화는 농사를 망쳐 지역 사회의 식량 불안정을 야기할 수 있어요. 식량을 안정적으로 구할 수 있는 믿을 만한 방법이 없다면요.

수경 재배는 흙 대신 영양분이 풍부한 물에서 식물을 키우는 방식이랍니다.

수경 재배는 전 세계적으로 천연자원을 덜 쓰면서도 더 많은 양의 식량을 예상한 만큼 생산할 수 있는 방법이에요.

제퍼슨이 손수 키운 토마토를 따서 포장하고 있어요.

이름: 제퍼슨 캉아차
나라: 케냐
주요 활동: 수경 재배로 식량 작물을 키워 굶주리는 사람이 없도록 힘쓰기

나는 녹색 에너지를 권하고 알려요.

레이한은 14살 때 녹색 에너지를 만들어 내는 스마트 기기를 제작했어요. 빗방울에서 전기를 얻는 발전 장치였죠. 아제르바이잔에서 태어나고 자란 레이한은 전력 공급에 방해가 되는 빗물을 오히려 전기를 만들어 내는 데 쓰면 어떨까 고민하다가 이 아이디어를 떠올렸답니다! 레이한이 만든 빗물 수집기는 수조에 가득 찬 빗물이 고속으로 발전기를 통과해 흐르면서 에너지를 발생시켜요. 비가 오지 않을 때는 에너지가 배터리에 저장되고요. 레이한은 자신의 발명품을 알리기 위해 '레이너지'라는 회사를 세웠어요. '한 번에 한 집씩 불을 밝히자'는 각오로요.

녹색 에너지는 햇빛, 바람, 물 등 천연자원에서 생성되는 모든 에너지 형태를 말해요.

레이한이 빗물이 얼만큼 모아졌는지 관측하고 있어요.

'레이너지' 장치는 지역 사회의 추가 전력원이에요. 전력망의 부담을 줄여 주죠.

녹색 에너지원은 자연적으로 보급되고 채워져요. 천연가스나 석탄처럼 생성되는 데 수백만 년이 걸리기도 하는 화석 연료원과는 다르죠.

녹색 에너지원은 천연가스나 석탄 기반 에너지보다 이산화탄소를 덜 배출한답니다.

비가 오면 수십억 리터의 물이 떨어져 내리기도 해요. 어마어마한 전하의 위치 에너지를 품은 강수량이죠.

이름: 레이한 자말로바
나라: 아제르바이잔
주요 활동: 청정에너지로 전력 공급하기

나는 우리의 바다를 보호해요.

프랑스에 사는 14살 토마는 바다를 보호하는 것이 얼마나 중요한지 잘 알았어요. 그래서 사람들을 교육하기 위해 '보트 스쿨'을 세웠죠. 토마는 배를 타고 대서양을 돌아다니면서 여러 학교를 찾아가 학생들에게 산성화와 남획의 폐해를 알렸어요. 토마가 세운 단체 '칠드런 포 디 오션스'는 깨끗한 바다 만들기에 관한 교육 자료를 제공하는 전 세계 알림이들의 모임이 되었답니다.

남획이란, 인간들이 물고기를 자연적인 번식 속도보다 더 빨리, 더 많이 잡는 거예요. 이렇게 되면 생태계에 영향을 미쳐 먹이 사슬이 파괴된답니다.

바다가 갈수록 산성화되고 있어요. 인간들이 숲을 베어 내고 화석 연료를 태운 탓에 대기 중의 이산화탄소 농도가 적정 수준을 넘어갔기 때문이죠.

나는 장애 어린이의 이동권 등 권리를 보호하는 캠페인을 벌여요.

남아프리카 공화국에 사는 차엘리는 생후 11개월 때 뇌성 마비 진단을 받은 뒤 내내 휠체어를 타고 다녔어요. 그러다 9살 때 언니와 친구 셋이서 전동 휠체어를 구입하기 위해 모금 활동을 벌이기 시작했어요. 전동 휠체어는 더 자유롭고 독립적으로 활동하는 데 필요한 수단이었거든요. 차엘리는 이 모금 활동에서 출발해 '차엘리 캠페인'이라는 사회 정의 기구를 공동 설립하고, 장애 어린이의 이동성과 교육의 필요성을 알리고 실현하는 일을 하고 있답니다.

전 세계적으로 9천 3백만~1억 5천만 명의 어린이들이 장애를 안은 채 살아가고 있어요.

차엘리가 전동 휠체어 덕분에 얼마나 독립적인 사람이 되었는지 설명하고 있어요.

언제든지 필요할 때마다 의료 서비스를 이용할 수 있는 나라도 있지만, 그렇지 않은 나라들도 있어요.

형편이 어렵거나 의료 기관과 너무 멀리 떨어진 곳에 살아서 필요한 의료 서비스를 받지 못하는 사람들도 있어요.

의료 서비스를 이용할 수 있는 것은 인간의 기본권으로 여겨진답니다.

나는 의료 서비스를 손쉽게 이용할 수 있게 해요.

오미드는 15살 때 친한 친구의 아버지가 심부전으로 돌아가시는 것을 보고 행동에 나서기로 결심했어요. 태어나고 자란 이탈리아에서 '에이드 유(휴대용 심장전문의)'라는 회사를 세웠죠. 형편이 어려운 환자들이 자신의 상태를 추적 관찰할 수 있도록 간편하게 쓸 수 있고 가격도 적당한 의료 장비를 제공하는 회사예요. 지방 정부 정책에 따라 자원봉사자들의 응급 처치 훈련도 진행하고 있고요. 회사를 함께 세운 우간다의 대표와 협력하여 동아프리카 전역에도 똑같은 의료 서비스를 제공하고 있답니다.

오늘의 지구를 구하고 더 멋진 내일을 만들려면 나는 어떤 일을 할 수 있을까요?

우리 지구가 맞닥뜨린 사회적·환경적 도전 과제를 고민하고 해결하려면 한 세대의 사회 혁신가와 변혁가가 필요할 거예요. 사회적 기업가는 긍정적인 변화를 일으키는 사람들이에요. 기업가 정신을 발휘해 도전 과제를 해결하죠. 사회적 또는 환경적 목표를 위해 거래하고, 이윤을 자신의 사명에 재투자하며, 자기 행동에 책임지는 사업을 추진하고 발전시킨답니다. 통찰력과 상상력, 베풀려는 따뜻한 마음을 합쳐 더 나은 세상, 더 공정한 세상을 만들어 가는 사람들이에요.

1. 열정을 발견하세요. 나를 슬프게, 화나게, 설레게 하는 것이 무엇인지 알아차리고, 그런 감정 에너지를 창의력으로 바꿔 보세요.

2. 한 번에 한 가지 문제에 달려드세요. 지금 당장, 오늘 바로 할 수 있는 일이 뭔지 생각해 보세요. 생각은 단순하게, 꿈은 크게.

3. 뚜렷한 사회적 사명을 품으세요. 처음에는 간단한 것부터 시작해요. 그리고 중요하게 여기는 가치를 여정의 길잡이로 삼으세요.

4. 생각은 지구적으로, 행동은 지역적으로. 뜻을 품은 일이 지역적인 문제여도 그 너머를 보세요. 전 세계에서 다른 사람들이 어떤 일을 해냈는지 살펴보고요.

5. 계속해서 본보기를 만드세요. 끊임없이 다른 것을 시도하세요. 실패를 겁내지 말고요. 실패란, 그저 뭔가 배울 것이 있다는 뜻이니까요.

6. 조사하고 찾아보세요. 관심 분야와 주요 인물들에 대해 더 배우고 알아보세요.

7. 다른 사람들을 끌어들이세요. 다른 사람들이 참여할수록 계획은 성장하고 발전한답니다. 그러니 공동체와 관계를 맺으면서 힘을 얻으세요.

8. 최신 뉴스를 놓치지 마세요. 가능하면 많이 보고, 듣고, 읽으면서 여러분을 둘러싼 세상이 어떻게 돌아가는지 꾸준히 정보를 얻으세요.

9. 포기하지 마세요. 사업은 쉽지 않은 일이에요. 의욕을 잃지 않고, 자신의 능력과 아이디어를 믿는 것이 가장 중요해요.

10. 여러분의 이야기를 들려주세요. 친구들과 가족에게 당당히 이야기하세요. 사회 변화를 위해 일하는 이유를요.

책임감 있는 소비자가 되는 10가지 방법

1. 덜 사기. 살지 말지 정하기 전에 정말 필요한 것인지 스스로 물어보세요. 없어도 아무 문제 없는 것들이 많거든요. 평소에 물건을 필요 이상 잔뜩 사니까요.

2. 양보다 질. 한 번 입고 말 티셔츠 5벌을 사느니, 평생 입을 수 있는 질 좋은 티셔츠 1벌을 사세요.

3. 깐깐하게 고르기. 상품의 품질과 지속 가능한 가치에 자부심을 갖고 있는 브랜드나 가게를 선택하세요.

4. 오래된 물건은 업사이클 하기. 물건을 그냥 버리기보다 고치거나 꾸미거나 바꿔 보세요. 그러면 더 가치 있는 물건으로 재사용할 수 있답니다.

5. 상표 읽고 따져 보기. 지속 가능한 상품이라면 상표에 그 점이 반드시 표기되어 있을 거예요. 정말로 환경에 해롭지 않은 상품이 맞는지 직접 조사도 해 보고요.

6. 녹색 에너지 사용하기. 전자제품의 전원을 끄고, 난방은 약하게 줄여요. 가족들에게 친환경 대체 에너지를 사용하자고 제안해 보는 건 어떨까요?

7. 플라스틱 사용 줄이기. 재사용할 수 있는 제품을 선택하세요. 재사용이 가능한 가방이나 물병을 직접 챙겨 다니는 거죠.

8. 음식물 쓰레기 만들지 않기. 뭐든 버리는 일이 없도록 구매한 먹을거리의 상태를 계속 살피고 파악해요.

9. 제철 농산물 먹기. 지금 살고 있는 지역에서 재배된 제철 과일과 채소를 구매하세요. 다른 지역에서 농업용수를 대량으로 쓰는 집약 농법이 이루어지지 않도록 말이죠.

10. 깨어 있기. 완벽한 소비자는 없어요. 하지만 윤리적 실천에 깨어 있을수록 기업들의 의식 수준도 더 끌어올릴 수 있답니다.

더 알아보기

멋진 미래를 위해 나는 무엇을 할 수 있을까요?
아래 웹사이트를 방문해 보세요.

기업가 정신 캠퍼스 entrepreneurship-campus.org
글로벌 시민 단체 globalcitizen.org
청소년 투자 기금 peacefirst.org
청소년 자선 단체 wearefamilyfoundation.org
마야의 아이디어 mayasideas.com
파비너의 축하 카드 growawish.nl
플라스틱 사용 줄이기 thelaststrawcheltenham.co.uk
시빈 프로젝트 seabinproject.com
와다디 케어즈 wadadeecares.com
티왈레 tiwale.org
바다를 위한 아이들 childrenfortheoceans.eu
차엘리 캠페인 chaelicampaign.org

피카 인물 그림책 02

오늘보다 더 멋진 내일을 만들어요
멋진 미래를 위해 오늘의 지구를 살리는 어린이 기업가 12명의 실제 이야기

1판 1쇄 발행 2023년 1월 20일 | **1판 3쇄 발행** 2024년 11월 20일

글 리베카 후이 | **그림** 안넬리 브레이 | **옮김** 손성화

펴낸이 김봉기 | **출판총괄** 임형준 | **편집** 김민정, 안진숙 | **디자인** 신디 | **마케팅** 선민영, 임정재, 조혜연
펴낸곳 FIKA JUNIOR(피카주니어) | **주소** 서울시 서초구 서초대로77길 55 9층
전화 02-3476-6656 | **팩스** 02-6203-0551 | **홈페이지** https://fikabook.io | **이메일** junior@fikabook.io
등록 2020년 9월 28일 (제 2020-000281호)

ISBN 979-11-974191-8-8 (74330) | **ISBN** 979-11-974191-9-5 (세트)

It's Our Business to Make a Better World © 2022 Magic Cat Publishing Ltd
Text © 2022 Rebecca Hui
Foreword by Jonah Larson
Illustrations © 2022 Anneli Bray
First Published in the UK by Magic Cat Publishing Ltd
Korean translation rights © 2023 FIKA
Korean translation rights are arranged through LENA AGENCY, Seoul, Korea.
All rights reserved.

이 책은 레나 에이전시를 통한, 저작권자와의 독점계약으로, 한국어판 저작권은 "FIKA"에 있습니다.
저작권법에 의해 한국 내에서 보호를 받는 저작물이므로 무단 전재 및 복제를 금합니다.

- 책값은 뒤표지에 있습니다.   • 파본은 구입하신 서점에서 교환해 드립니다.
- 이 책은 저작권법에 의하여 보호를 받는 저작물이므로 무단 전재와 복제를 금합니다.
- 제조국 대한민국 | 사용연령 4세 이상   • 주의사항 종이에 손이 모서리에 다치지 않도록 주의하세요.

피카 출판사는 독자 여러분의 아이디어와 원고 투고를 기다리고 있습니다.
책으로 펴내고 싶은 아이디어나 원고가 있으신 분은 이메일 junior@fikabook.io로 보내주세요.

내가 하고 싶은 일을 적어 봐요.

13번째 사회적 기업가가 되어 보세요.

나는 _____ 해요.

이름:

국가:

주요 활동: